Die Dinge, die uns umkrei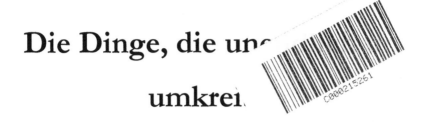

Eugen Roth

Alpha Editions

This edition published in 2022

ISBN : 9789356788619

Design and Setting By
Alpha Editions
www.alphaedis.com
Email - info@alphaedis.com

As per information held with us this book is in Public Domain.
This book is a reproduction of an important historical work. Alpha Editions uses the
best technology to reproduce historical work in the same manner it was first
published to preserve its original nature. Any marks or number seen are left
intentionally to preserve its true form.

Contents

DIE FAHRT .... - 1 -

DIE VERWEHTEN .... - 1 -

HEIMWEG .... - 2 -

DIE STADT .... - 2 -

DIE BRÜCKE .... - 3 -

VORFRÜHLING IM ARBEITERVIERTEL .... - 4 -

NEBLIGER ABEND .... - 4 -

IN DIESEN NÄCHTEN . . . . - 5 -

HEIMGANG IM FRÜHLINGSMORGEN .... - 6 -

STADT OHNE DICH .... - 6 -

NÄCHTLICHER WEG .... - 7 -

DIE GLÜHENDEN .... - 9 -

FRAU AM FENSTER .... - 10 -

NÄCHTLICHE ZWIESPRACHE .... - 11 -

ABEND .... - 11 -

DIE WELLE .... - 12 -

GOTISCHER DOM .... - 12 -

AM MORGEN .... - 12 -

AM MITTAG .... - 13 -

AM ABEND .... - 13 -

REGNERISCHER HERBSTTAG .... - 14 -

DER TURM .... - 15 -

ROMANISCHE PFORTE .... - 15 -

DER STEINERNE HEILIGE SPRICHT: .... - 16 -

DAS LICHT .... - 16 -

DER BAU .... - 17 -

NACHTWACHE ....- 18 -

DER ANFANG...- 19 -

VERBRÜDERUNG...- 19 -

STIMMEN DER MENSCHEN ....- 20 -

GESANG DER JÜNGLINGE ....- 20 -

GESANG DER FRAUEN ....- 21 -

DIE FAHRT

Tagsüber war Musik an allen Borden
Und muntere Schiffe gaben Dir Geleit.
Der Strom war schwer von rauschenden Akkorden;
Doch ist es seitdem lange still geworden
Und keinen findest Du zur Fahrt bereit.
Sie gehn und scheiden; da ist kein Getreuer.
Der Abend tönt, und einsam gleitest Du,
Die müden Hände hoffnungslos am Steuer,
Vorbei dem letzten Turm und seinem Feuer,
Des Meeres unermessnen Stürmen zu.

DIE VERWEHTEN

Dies sind Tage, die uns langsam töten.
Stunde geht um Stunde und zerbricht,
Und kein neuer Tag bringt neue Sicht,
Keines Morgens Antlitz will sich röten,
Und wir finden uns're Wege nicht.
Keiner Zukunft Winken kann uns trösten,
Unentrinnbar in den Tag gedrängt,
Der mit Schmerz und Freude so behängt,
Daß wir nie uns aus den Schleiern lösten,
Gehen wir, in fremde Spur gezwängt.
Wir beginnen schwer auf uns zu lasten,
Fühlen mitten in der Jahre Flucht
Jedes fallen, jäh, in dumpfer Wucht,
Wie wenn Winde in die Bäume faßten,
Und es stürzte ungereifte Frucht.
Kaum, daß Abende uns so verschönen

Voll von Freundschaft und von Glanz der Frau'n,

Daß wir uns zu reiner Tiefe stau'n,

Daß wir wachsend in die Leere tönen

Und die toten Stunden von uns tau'n.

Wenn wir in dem Meer der Nacht zerfließen,

Wird uns nur ein Traum von Glück zuteil.

Nacht ist Bogensehne nur, um steil

Uns in einen neuen Tag zu schießen

Und wir sind nur Spur und irrer Pfeil.

Nutzlos hingegossen in die Jahre

Ganz entwachsen mütterlichem Schoß

Reißen wir vom letzten Ufer los —

Schütteln Sehnsucht leise aus dem Haare,

Stehen auf der Erde, fremd und groß.

HEIMWEG

O Einsamkeit des abendlichen Nachhausegehens!

Die Scherben des zerbrochenen Tages

Klirren bei jedem Schritt, und Schmerz fällt

Weh aus Dir, wie Laub aus herbstlichen Bäumen.

Freundeswort sehnst Du und zärtliche Liebe der Frauen,

Weißt, daß viele sind, die Dich trösten wollen,

Aber Du weinst und willst nicht getröstet sein,

Gehst, bis rauschend die Nacht über Dich niederfällt

Und Schmerz und Nacht, ein tönendes Meer,

Weit Dich hinaus in Unendlichkeit wiegen.

DIE STADT

Wind blies die letzten Lichter aus der Stadt;

Doch ist der Nebel weiß vom Mond durchträuft,

Im Straßenwirrsal, das im Dunst verläuft,
Hängen die Häuser, traumzerquält und matt.
Nur meine Straße strömt erhaben breit
Und ist ein Teppich zu dem steinern' Tor:
Das ragt unendlich in die Nacht empor,
Der hohe Bogen ist für mich bereit.
Paläste stehen, wie Besiegte stumm,
Erstarrt in Würde, die sie nicht verließ.
Und nur der Dom, der in den Himmel stieß,
Nahm einen Mantel wie von Demut um.
Kaum daß am Tor sich meine Schritte stau'n.
Mein Gang wird hart, und ehern tret' ich ein:
Und diese große Stadt ist mein, ist mein
Mit Haus und Turm, mit Schätzen, Schlaf und Frau'n.

DIE BRÜCKE

Sie steigt mit frostig eingekrümmtem Rücken
Und mit gestelzten Beinen in den Fluß,
Mißmutig, daß sie sich nur immer bücken
Und dies Gewühl von Leuten tragen muß.
Erst wenn die Nacht mit ihren dunklen Netzen
Die Menschen in die dunklen Häuser fängt,
Daß sie sich nicht mehr durch die Straßen hetzen:
Dann steht die Brücke leicht und froh zersprengt.
Ein einsam Schreitender kommt noch gegangen,
Schaut in den Fluß, oder ein Liebespaar,
Die hält wie eine Mutter sie umfangen
Und wiegt sie auf den Wassern wunderbar,
Daß sie wie Träumende hinüberschreiten.

Die Brücke tönt wie eine Melodie,

Indes die kleinen Wellen schluchzend gleiten

Und leis und zärtlich um ihr wundes Knie.

VORFRÜHLING IM ARBEITERVIERTEL

Frauen

Kommen leise an die Fenster,

Wenn beglänzter

Aus dem Blauen

Weiße Wolkenlämmer schauen.

Fühlen lang verdorrte Sehnsucht tauen,

Lächeln wieder, wie ganz junge Frauen,

Sinken dann verlöschend in das Haus.

Aus der Tiefe des verzweigten Bau's

Strömen Kinder, die sich lärmend stauen.

Mädchen suchen im verwaschenen Gras

Erste Blumen. In die kahlen Bäume

Hängen sie die zarten Frühlingsträume.

Knaben suchen Wolken zu erfassen. —

Sonne ist noch kalt und dünn wie Glas.

Und die grauen

Häuser strecken nach den blassen

Kindern schon die welken Hände aus.

NEBLIGER ABEND

Im Nebel schwimmt die lange Straßenzeile.

Unruhig schwankt ihr Ende, losgerissen —

Nur ein paar Lichter weisen in den Raum.

Dein Blick steigt auf bis zu den letzten steilen

Turmspitzen, die so hoch sind, daß sie kaum

Um unser Tasten in den Tiefen wissen.

Doch, wie die Abendglocken niederklingen,

Kommt Dir in all der Starrheit dunkler Glaube

Der Dich unnennbar süß als Traum durchbebt.

Die Lampe hoch im Dunst scheint Gottes Taube,

Die auf Dein Haupt verheißend niederschwebt

Und tiefste Weihe will ins Knie Dich zwingen.

IN DIESEN NÄCHTEN . . .

In diesen Nächten wohnt ein Ungeheuer,

Das frißt die Sterne, die wir pflücken wollten,

Schwelt in die Himmel seines Atems Feuer,

Verpestet Luft der süßen Abenteuer,

Die eben uns mit Lust erfüllen sollten.

Aufzischen Lichter und verlöschen jähe,

Und Nebel tropft wie Gift auf jeden Pfad,

Daß keiner mehr des andern Drängen sähe,

Nicht spürte mehr den Hauch der lüstigen Nähe,

Die Stimm' nicht fände, die im Dunkel bat.

Die Menschen gehen fremd durch tiefe Gassen,

Gestürzt in Schluchten weher Einsamkeit;

Sie fühlen ihre Hände ganz verlassen,

Keiner ist nahe, um sie anzufassen,

Und keine Türe ist für sie bereit.

Nur wenige, die sich in heißen Betten

In Lust gepaart, zu engem Schlaf gesellen,

Daß ihrer Leiber Rausch die Nacht zerglühe,

Vermögen vor dem Dunkel sich zu retten.

Sie aber werden feindlich aufstehn und zerschellen

Im stählern Glanz der ersten reinen Frühe.

HEIMGANG IM FRÜHLINGSMORGEN

Wie war vom hundertfachen Gange

Der Weg uns wie im Traum vertraut.

Die Gärten wurden vom Gesange

Der ersten Amseln tönend laut.

Der Morgen stand schon an der Schwelle,

Wir schritten selig bis zum Tor;

Da stieß er brandend seine Helle

In alle Himmel steil empor.

Die Türme fingen an zu blühen,

Licht brauste in der Straßen Schacht,

In alle Wolken stieg ein Glühen,

Aus allen Fenstern fiel die Nacht.

Wir standen, nah wie nie verbündet,

Und mit dem Tag wuchs Dein Gesicht,

In solcher Stunde Glanz gemündet,

Umglitzert und umklirrt von Licht.

Die ganze Stadt begann zu tönen,

Die Straßen wiesen weit hinaus,

Die Bäume wollten sich bekrönen —

Und wie ein Tempel stand Dein Haus.

STADT OHNE DICH

Alle Straßen fallen müd zusammen,

Seit Dein Leuchten sie nicht mehr zerteilt;

Keine Sonne kann sie mehr entflammen,

Wie sie auch sich in die Schluchten keilt.

Alle Häuser haben tote Blicke,

Seit Dein Glanz sie nicht mehr überschwemmt,

Traurigkeit unendlicher Geschicke

Fällt aus allen Fenstern starr und fremd.

Menschen rinnen zäh durch Einsamkeiten,

Tausendfach im Boden dumpf verklebt;

Keiner, dem sich so die Augen weiten,

Daß er sie verzückt zum Lichte hebt.

Durch die Straßen wehn viel hundert Frauen,

Aber keine, Liebste, ist wie Du.

Abendwolken, die ins Dunkel schauen,

Fallen müd wie meine Augen zu.

NÄCHTLICHER WEG

Von Nebeln ist die Stadt verstopft,

Der Schritt, der sich an Häusern bricht,

Durch regenmüde Straßen klopft.

Aus windbewegten Lampen tropft

Auf unsern Weg ein dünnes Licht.

In breiten Lachen liegt es dort,

Zerrinnt am wässrigen Asphalt,

Wir aber gehen immer fort.

Du bist drei Schritte von mir fort,

In Nacht ertrunkene Gestalt.

Ich ahne, was Dein Mund jetzt spricht.

Vielleicht ein liebes Wort zu mir.

Ich bin wie Stein und hör' es nicht,

Ich bin wie Glas und fühl' es nicht

Und finde keinen Weg zu Dir

Und ist nur dreien Schritte weit.

Ich schreite starr, ich schreite stumm,

Ich weiß durch alle Einsamkeit,

Ich geb' Dir durch die Nacht Geleit

Und weiß doch nicht warum.

Fühlst Du denn nicht, wie tief und bang

Mein Herz nach Deinem Herzen sucht?

Dies ist der letzte, schwerste Gang.

Der Weg ist nur drei Schritte lang:

Doch ohne Ende ist die Flucht . . .

Du wirst mich immer rauschender durchtönen,

Bis deinem Sang die letzte Sehnsucht schweigt.

Du wirst die müden Nächte mir verschönen,

Silberner Mond, dem dunklen Teich geneigt.

Du wirst ein Baum mich kahlen Felsen krönen

Voll lichter Wunder, tausendfach verzweigt:

O dunkles Wasser ich und starrer Stein!

Was frommt mir Glanz? Brich ein in mich, brich ein!

Schon sind wir tiefer in uns selbst gemündet,

Voll süßen Staunens schließen wir uns ein.

So unzertrennlich sind wir uns verbündet,

Daß jeder Schale ist und jeder Wein.

Wie sich der bunte Kranz von Tagen ründet,

Als müßte ewig um uns Sonne sein.

Sind wir nicht selber Licht, verzückt gestellt

Mitten ins Dunkel dieser fremden Welt?

Und es ist oft schon ein Hinüberneigen

Und eine drängend süße Trunkenheit,

Als rührte Wind in fruchtbeschwerten Zweigen

Im tiefen Wissen ihrer reifen Zeit.

Wir fühlen unseres Blutes Säfte steigen

Und wie des Lebens heiße Inbrunst schreit!

O Bäume nur, darin die Winde wehen:

Reif fällt die Frucht, wir bleiben dorrend stehen.

Da ich mich schon wie ein Gewölke ballte,

Hast Du wie Frühlingswind mich sanft zerstreut.

Wie bot ich Deinem Hauch die letzte Falte,

Wie hast Du mich durchdrungen und erneut.

Und seliger Ton wardst Du, der mich durchhallte

Wie fern von Turm zu Türmen ein Geläut.

Befreiter Abend war ich hingegossen

Durch den wie Vögel licht die Träume schossen.

Die Demut ließ mich nicht mehr höher ragen.

Vor soviel Reinheit ward ich zum Gebet.

Die alten Götzen habe ich zerschlagen,

Ich bin Altar, darauf Dein Bildnis steht.

Doch bin ich fast zu bange, Dich zu tragen,

Ein armer Mensch nur, der im Dunkeln geht:

Da fällt ein Strahl von Deinem Angesichte

Und ich bin groß und schreite frei im Lichte.

Die Dinge, die unendlich uns umkreisen,

Sie scheinen alle plötzlich still zu stehen.

Da ist Musik von Tritten, wunderleisen,

Du winkst mir, wie im Traum, zu dir zu gehen.

Da stehst Du, einen Weg hinauszuweisen

Und Deine Hände leuchten vor Geschehen:

Nun seh ich's auch: Gesprengt das Tor der Zeit

Und lichte Brücken hängen himmelweit.

DIE GLÜHENDEN

Sie sind süß von Sehnsucht überfallen,

Und ein Zittern geht durch ihren Schoß.

Kleider sind wie Zunder: Sie steh'n bloß

In entflammter Nacktheit steil vor allen.

Und sie spüren Lust in allen Worten,

Wind rührt sie wie Hand und Lippe an.

Allem Drängen sind sie aufgetan,

Wie nur leise angelehnte Pforten.

Und sie sind durchwühlt von heißen Küssen,

Hingestürzt in trunk'ner Träume Schacht,

Wie ein Gott sinkt in sie ein die Nacht,

Daß sie sich im Bett verklammern müssen.

FRAU AM FENSTER

Um dein Gesicht

Ist noch Gefunkel.

Da strömt, des Tages letzte Spende,

Berauscht das Licht.

Doch Deine Hände

Tauchen verlöschend schon ins Dunkel.

Und dies bist Du:

Dies, was mich quält:

Dein lichtes Haupt zu sehen

Die Augen zu

In Glanz gestählt

Nicht Hände, die wie Brücken gehen.

Wer darf Dir nahen?

Die Augen blinden,

Die je Dich sahen.

Den Weg kann keiner finden.

O neige tief zum Schatten dein Gesicht,

Die Hände tauche segnend in das Licht.

NÄCHTLICHE ZWIESPRACHE

Deine Seele gleitet blaß von ferne ...

Hörst Du nicht mein Rufen durch die Sterne?

»Wohl. Ich habe Dich vernommen, Rufer;

Wir Entgleitenden sind ohne Ufer.«

Nacht für Nacht, von weher Glut entzündet,

Rage ich, daß einer in mich mündet.

»Wir sind kühl und Ihr habt heiße Herzen:

Wir sind Wind und löschen Eure Kerzen!«

Mich verzehrend muß ich so verbleichen.

Lösche mich, statt in die Nacht zu weichen!

»Wir verlernten, ruhelos vertrieben,

Meidend Hassen und umschließend Lieben.«

Was man sehnt, will ferne sich entrücken.

Was man hält, vermag nicht zu beglücken.

»Was beglückt, oh, wer vermag's zu halten?

Wer noch sehnt, muß lernen zu erkalten.«

ABEND

Abendliche Seele, von der Last

Unbarmherzigen Tagewerks entbunden,

Hält unendlich Rast.

Tausend Wege durch das Dunkel weisen,

Tausend Sterne in den Himmeln kreisen

Doch sie hat mit sicheren und leisen

Schritten tiefer in sich selbst gefunden,

Hält den Kranz der unberührten Stunden
Selig lächelnd wie im Traum umfaßt . . .

DIE WELLE

Und wir sind nur der krause Kamm der Welle,
Zu unerhörtem Wollen aufgesteilt,
Und tausendfach zerfließend und zerteilt,
Aufdrängend in des Tages blaue Helle,
Bald übereilend und bald übereilt.
Doch wie wir wachsend uns zum Lichte heben,
Fließt schon die dunkle Woge, schwer und breit,
Und überspült uns, rascher Schwall der Zeit,
Dem neue Wasser rauschender entschweben:
Und wir sind Tiefe und Vergangenheit.

GOTISCHER DOM

AM MORGEN

Zerstäubt in Sonne wirft der Dom
Die steinern' Arme aufwärts wie Raketen.
Mit allen Glocken fängt er an zu beten
Und mit der Inbrunst seiner steilen Türme
Greift er hinauf, daß er den Gott bestürme.
Tief unten in den Bau die Menschen treten,
Und wachsen brandend an, ein dunkler Strom.
Die Hallen reißen auf von Orgelchören:
»Gott muß uns hören!«
Gesang von tausend Stimmen schreit.
Und er steigt nieder bis zur steinern' Schwelle,
Und schleudert wie ein Zeichen seine Helle
Hin durch der Fenster bunte Dunkelheit.

Und läuft durch alle, eine heilige Welle,
Und reißt sie stürmend in Unendlichkeit.

AM MITTAG

Nun, da der Gott, den er herabgefleht,
Den er vom Himmel riß in reiner Frühe,
Entfremdet auf der trägen Erde steht
Und müde lächelnd durch die Gassen geht,
Verdrängt von jedem Bürger ohne Mühe:
Weiß nur der Dom um seine Majestät.
Der Stein ist mittagsgrell, als ob er glühe,
Und welk und schal, als eine zähe Wolke
Des Morgens Weihrauch durch den Chor hinweht:
Kühl blieb der Hauch, der durch die Hallen geht.
Und Gott tritt ein, froh, daß er einsam steht
Und daß er sich gerettet vor dem Volke.

AM ABEND

Die Häuser unten sind in Nacht gefallen.
Die Lichter blinken demutbang im Grund:
Da steht der Dom verachtend über allen.
Und überall erwachen alte Geister,
Werkleute, noch nach Feierabendstund',
Gerufen von dem unsichtbaren Meister:
Und zuckend wachsen in das Licht Fialen.
Und jeder Pfeiler strebt und wird zum Pfeil.
Wimperge treiben ihren spitzen Keil
Hinauf! Hinauf! Und jeder Stein steht steil
Dem Gotte zu und seinen letzten Strahlen.
Das Maßwerk blüht empor in tausend Zweigen,

Und tausend Säulen steigen

Ins Licht, das auf des Turmes Stirne steht.

Der aber merkt es, daß ihn Gott verlassen,

Schon fühlt er sich erblinden und erblassen

Und von dem kalten Hauch der Nacht durchweht.

Und seiner Glocken Stimme wird zum Schrei.

Die Menschen drunten wähnen noch, es sei

Gebet.

Er aber brüllt hinaus mit irrem Munde.

Der Himmel schließt, gestirnt und stählern blau.

Da weiß er es, dies ist die schwere Stunde,

Und welk und grau

Erloschen hängt in zähe Nacht der Bau.

REGNERISCHER HERBSTTAG

Er ist so unfroh heute aufzuragen

Und steil zu sein.

Er möchte heute wie die Häuser unten

Durchwärmt von bunten

Heimlichen Lichtern sein,

Und schwach und klein.

So aber muß er, aufgetürmter Stein,

Sich in das müde Grau des Herbstes wagen,

Und ganz allein

Und ohne Trost die tote Stunde tragen.

Das Wasser rinnt und tropft von Stein zu Stein . . .

Und von dem steilen Grat der Dächer schießen

Rinnsale in der Wasserspeier Rachen.

Doch seine Türme kann er nicht verschließen,

Der Regen steht in tiefen, stumpfen Lachen . . .
Nun wird es Abend. Und kein Sonnenschein,
Nur Nebel, die sich an den Pfeilern spießen . . .

DER TURM

Sie haben oft bei ihrem Werk gerastet,
Als sie sich Stock um Stock hinaufgetastet,
Und schon hat ihnen vor der Tat gegraut,
Als sie behutsam Stein auf Stein gelastet.
Sie sahen schwindelnd die Gerüste steigen,
Entwachsend schon der Stadt und Lärm und Laut
Emporgeblüht ins unermeßne Schweigen
Und ganz vom neuen Tage überblaut.
Da ahnten sie, daß Gott in ihnen baut.
Am letzten Tag, sie schwiegen mit dem Hämmern,
Da faßten sie es erst, was sie vollbracht.
Sie sahen Stadt und Land im Dunst verdämmern
Und über ihnen wuchs die Sternennacht;
Sie fühlten näher Gottes Atem wehen
Und waren schon durchwühlt von seinem Sturm.
Und ihnen war's, sie müßten schweigend gehen
Und sich die tausend Stufen abwärts drehen.
Sie blickten scheu empor und sah'n ihn stehen
Wie eine Himmelsleiter hoch: Den Turm.

ROMANISCHE PFORTE

Die Schwelle ist von tausend Füßen abgeschliffen,
Von tausend Händen sind die Pfeiler abgegriffen,
Demütiger Schacht durch harten Mauerstein.
Als hätten Beter durch ihr harrend Pochen

In tausend Jahren erst den Weg erbrochen
Zu ihres Gottes heiligem Schrein.

DER STEINERNE HEILIGE SPRICHT:

Ich stehe hier, gezwungen in den Stein,
Und kann nur meine starren Hände falten.
Ich möchte wieder sein Verkünder sein.
Die Menschen strömen in die Kirche ein
Und glauben, durch ihr Beten und ihr Singen
Den Wirkenden in ihrem Kreis zu halten.
Doch, wer ihn halten will, muß mit ihm ringen.
Sie aber sitzen stumpf gedrängt und warten,
Und haben Aug' und Ohr vor ihm verstopft,
Bis er mit erznen Fäusten ihre harten
Gelassnen Schalen voller Zorn zerklopft
Und seine Gnade leuchtend sie durchtropft.
Noch aber sind sie nichts als toter Stein
Und können nur die steilen Hände falten.
Dürft ich noch einmal sein Verkünder sein!

DAS LICHT

Wir haben ein Licht in die Mitte gestellt,
Daß uns das Dunkel nicht überfällt.
Wir fassen die Nacht, doch sie faßt uns nicht,
Wir sind verbündet in diesem Licht,
Das uns schwebend über den Tiefen hält,
Dies einsame, singende Kerzenlicht:
Um uns ist Welt.
Wir Armen, wir stehn in der Mitte nicht,
Wir Kreisenden, die kein Leuchter hält.

Wir sehen uns tief in das Angesicht,
Und in jedem Gesicht ist ein Glanz von Licht,
Der in die Herzen der anderen fällt.
Und wenn wir uns wenden hinaus in die Welt,
So wissen wir, hinter uns leuchtet das Licht,
Und fühlen uns in die Mitte gestellt.
Und wir sind Ruhe und sind Gewicht
Und halten, von unserem Lichte erhellt,
In Händen die Welt.

DER BAU

Wir bauen schon an diesem Haus
Seit tausend, abertausend Tagen,
Und seh'n es wachsen hoch hinaus
Und steigend in die Sterne ragen.
Verloren ging des Meisters Wort,
Und keiner ahnt: Wann wird es enden;
Wir aber bauen immerfort
Mit müdem Sinn und regen Händen.
Wir haben keine Zeit, zu ruh'n,
Als ob wir es vollenden müßten,
Wir uns're harte Arbeit tun
Und sterben hoch in den Gerüsten.
Kaum, daß von Sehnsucht jäh geschwächt,
Wir innehalten mit dem Fronen:
Wann kommt das selige Geschlecht,
Bereit zu ruhen und zu wohnen?

NACHTWACHE

Wir haben viel ergründet
Und haben viel erdacht,
Wir haben uns verbündet
Und unser Leid verkündet —
Und haben nichts vollbracht.
Wir standen auf der Wacht.
Das Licht war angezündet,
Wir glaubten uns entfacht
Und löschten aus. Geründet
Wuchs neu um uns die Nacht.
Wohl ahnen wir die Nähe
Und brechen dennoch nicht,
Daß Gott uns leuchten sähe
Durch seine Nacht, die zähe,
Mit unserm kleinen Licht.
Wenn manchmal einer spricht,
Entflammt durch eine jähe
Erleuchtung das Gesicht:
Ist's uns als ob's geschähe
Und um uns würde Licht.
Dann sitzen wir mit bleichen
Lippen und atmen schwer.
Und dies ist wie ein Zeichen,
Daß wir die Hand uns reichen
Und sind nicht Fremde mehr.
Sind wie ein großes Heer
Und wissen um die Gleichen,
Und strömen wie ein Meer

Dem alle Ufer weichen

In Gottes Wiederkehr!

DER ANFANG

Brüder, da wir die ersten sind,

Laßt uns beginnen!

Um unsere Stirnen weht ein neuer Wind

Und neues Feuer brennt in unseren Sinnen.

Wir brauchen nicht mehr unsere Hände falten.

Wir dürfen schon die gefüllten Schalen halten.

Fühlt den vieltausend Jahre alten

Dunst vor unserem Schreiten zerrinnen,

Seht, was wir nicht mehr sind!

Wir, die wir gestern noch als ein Kind

Der Alten, der Kalten, Erloschenen galten.

Wir haben tausend Himmel zerspalten,

Wir stehn vor dem Throne der höchsten Gewalten:

Wir sind gekommen, wir sind!

Eh' sich die Himmel zusammenfalten,

Eh' unser Geist verbrennt, eh' unsere Herzen erkalten,

Beginnt! Beginnt!

VERBRÜDERUNG

Bruder, gehst Du auch den Pfad,

Daß er steil uns aufwärts trage

Aus dem Rauschen dieser gleichen Tage,

Bis wir Gott genaht?

Um mich dröhnt die tiefe Stille.

Wir zersprengten in der Dunkelheit:

Hörst Du mich, wenn meine Seele schreit?

Wie ein Weg ist mir Dein Wille,

Wie ein Stab sei Dir, o Bruder, meine Tat,

Bis wir Gott genaht.

Warum, Bruder, muß ich oft nicht weinen,

Wenn Du letzte Qual der Seele weinst?

Weißt Du auch, ob wir dasselbe meinen,

Wenn Du Sehnsucht oder Gnade meinst?

Bruder, sind wir noch so weit?

Zwischen uns ist Welt und Taggeschehen.

Sieh mich an. Und gib mir Deine Hand.

Laß mich nah an Deiner Seite stehen:

Ja, wir sind.

Immer, Bruder, hab ich dich gekannt.

Hergewandert sind wir durch die sausende

Heiligalte Stille der Jahrtausende.

Tage wehen wie ein Wind.

Ich sehe steil Dein Antlitz aufgewandt:

Sonne stürzt sich jauchzend ins Gestein,

Menschen strömen jubelglänzend ein,

Greifen, Bruder, nach meiner und nach Deiner Hand.

Gott hat seine brausende Stimme nach uns ausgesandt.

STIMMEN DER MENSCHEN

GESANG DER JÜNGLINGE

Wir tragen die Speere   In Händen die Jugend,

Wir gehn durch die Tage,   Die unser noch nicht sind,

Mit fremdem Blick.   Die wissenden Augen

Sehen ein Licht, Das fernher leuchtet.

Wir ahnen die Stunde,   Die kommen muß,

Deren Gewalt uns   Zusammenwirft

In eine große   Verbrüderung.

Wir fühlen nahe   Göttlichen Sturmwind.

Wir wissen den Weg   Und wollen nicht klagen,

Daß wir allein gehn,   Von Welt zerklüftet,

Von tausendfachen   Begierden umstellt.

Noch sind uns Frauen   Last nur und Untergang.

Nicht dürfen wir greifen   Nach Schwesterhänden,

Ehe wir nicht   Unsere Brüder gefunden.

Daß wir nicht Frauen,   Die wartend am Wege stehn,

Unsere Jugend   In den Schoß hinwerfen,

Träumend davongehn,   Schwer von Erinnerung

Und arm wie Bettler   An heiliger Kraft.

Aber schon brennen   Höher die Flammen,

Unsere Speere   Leuchten im Frührot,

Und wir durchbrechen   Machtvoll die Himmel.

Schwestern, Geliebte!   Wir kommen als Sieger,

Euch zu befreien   Und lächelnd zu münden

In Euere Güte   Und Eure Wollust,

Um zu erfüllen   Unser Geschlecht!

GESANG DER FRAUEN

Wir möchten als Kämpfer   Neben Euch schreiten

Unendliche Wege.   Wir möchten aufsteilen

Zu Euerer Freiheit,   Zu Euerer Kraft:

Doch wir entwurzeln   Ohne die Demut.

Wir sehen Euch leiden   Um uns auch, Brüder

Und wissen es dennoch,   Entwachsen dem Schoße

Darf Euer Weg nicht,   Eh er vollendet,

Zurück sich biegen   In unseren Schoß.

Allzuoft fällt uns   Die heiße Lust an,

Daß wir Euch zögen von   Eueren Taten

In unsere Liebe.   Ihr aber schreitet

Weiter und laßt uns   Zerbrochen zurück —.

Wir wollen die Fülle   Reif in uns sammeln

Im tiefen Wissen: Ihr werdet kommen,

Wenn unsere Zeit ist.   Dann sind wir Erfüllung,

Eins mit Euch geworden   Im neuen Geschlecht.

Lightning Source UK Ltd.
Milton Keynes UK
UKHW010747271222
414464UK00004B/249